Frühling & Osterzeit

Frühling & Osterzeit

Sticken ist ein schönes Hobby. Es entspannt und gibt kreative Impulse.
Gute Anleitungsbücher gehören dazu.

Seit mehr als 30 Jahren steht Christophorus für praxisbezogene
Literatur zur Freizeitgestaltung. Genauso wie dieser Band ist jeder Titel
aus dem Christophorus-Verlag mit viel Sorgfalt erarbeitet.
Das erklärt, warum unsere Bücher jährlich so vielen zufriedenen Lesern
Freude bringen.

SIEGRUN BOSS-KULBE

FRÜHLING & OSTERZEIT

Bezaubernde Kreuzstichmotive

Inhalt

5 **Vorwort**

6 **Stickanleitung**
6 Kreuzstich
6 Holbeinstich
6 Rückstich

7 **Säume**
7 Doppelter Saum mit Briefecke
7 Hohlsaum
7 Tütenecken

8 **Stoffkauf**

8 **Nadeln**

8 **Stickgarn**

8 **Sticken nach der Zählvorlage**

8 **Pflegehinweise**

9 **Zweigart Gewebearten**
9 Kreuzstich-Zählstoffe

12 **Berechnen und Annähen der Spitze**

13 **Hähne, Hennen und Gänse**
13 Topflappen in Eiform
16 Kinderlätzchen
20 Handtuch
22 Stofftasche

26 **Nostalgische Ostern**
26 Eierwärmer
26 Serviette
26 Set
30 Topflappen in Herzform

32 **Kunterbunte Ostermotive**
32 Osterdeckchen
34 Geschenkband
34 Tischband
38 Schleife

40 **Alle Vöglein sind schon da . . .**
40 Zierborte

42 **Duftige Frühlingsboten**
42 Weidenkätzchen-Tischband
44 Scilla-Handtuch
46 Narzissen-Set
50 Krokus-Eierwärmer
52 Anemonen-Schürze
54 Margeriten- und Kornblumen-Decke
54 Kornblumen-Strohhutband
58 Alpenveilchen-Mitteldecke

Vorwort

Sticken als traditionelle Handarbeitstechnik erfreut sich wieder großer Beliebtheit, allen voran die Kreuzstich-Stickerei.

Thema dieses Bandes der Edition Zweigart ist die Frühlings- und Osterzeit. Leicht verständliche Anleitungen, Zeichnungen und Zählvorlagen garantieren das Gelingen der bezaubernden Muster und Motive.

Das Sticken von kleinen Motiven wie Blüten, Ranken, Hühnchen und natürlich auch dem Osterhasen bietet der Anfängerin eine ideale Einführung in die Stickerei. Geübte Stickerinnen überraschen ihre Gäste mit einem schön gedeckten Ostertisch: mit selbst bestickter Tischdecke, Sets, Servietten und dekorativen Tischbändern.
Anregungen für das kleine persönliche Geschenk runden dieses Buch ab.

Die verwendeten Stoffe sind in der Einführung detailliert beschrieben. Das erleichtert die Auswahl, wenn Sie Motive und Anwendungsbeispiele ganz individuell nach Ihrem persönlichen Verwendungszweck kombinieren möchten.
Damit Sie an Ihrer Stickerei lange Freude haben, gibt die Autorin praktische Hinweise und Tips zur Pflege Ihrer Handarbeit.

Stickanleitung

Sticken Sie immer zuerst die Kreuzstichmotive. Danach werden die Formen, wie angegeben, mit Rückstich umrandet. Sie werden dadurch plastisch hervorgehoben und farblich vom Grundstoff abgesetzt. Deshalb kommen auch Stickgarnfarben, die nur etwas heller oder dunkler als der Grundstoff sind, deutlich zur Geltung, und Sie können die Stickmotive problemlos auch auf andere Stoffarben umsetzen.

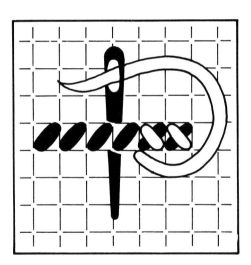

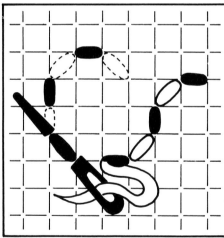

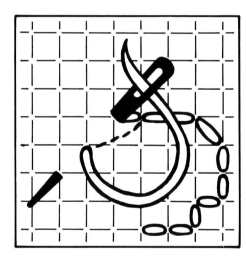

KREUZSTICH

Der Kreuzstich gehört zu den flächenfüllenden Stichen. Zuerst die Grundstiche sticken und darüber die Deckstiche. Sie müssen alle in gleicher Richtung liegen. Ein Kästchen der Zählvorlage ist immer ein Kreuzstich.

HOLBEINSTICH

Der Holbeinstich ist ein Konturstich. Zuerst jeden zweiten Stich sticken und bei der Rückreihe die Lücken füllen. Er eignet sich besonders für Bänder, da er auf der Rückseite gleich aussieht.

RÜCKSTICH

Der Rückstich wird ebenfalls zum Nachsticken von Linien und Konturen eingesetzt. Er wird von rechts nach links gearbeitet und geht auf der Rückseite über zwei Stiche.

SÄUME

Doppelter Saum mit Briefecke

Zuerst für die Hohlsaumlinie an allen vier Seiten jeweils nur von Ecke zu Ecke einen Faden herausziehen. Achtung: Im Saumbereich den Faden nicht herausziehen! Den überstehenden Stoff nach 3 x Saumbreite abschneiden.

Skizze a: Saumbreite 1, Umschlag 2, Einschlag 3 markieren. Skizze b: Einschlag und Ecke falten, schraffierte Ecke abschneiden. Skizze c: Saumumschlag legen und heften. Die schräge Briefecke mit kleinen Saumstichen schließen und den Saum im Hohlsaumstich arbeiten.

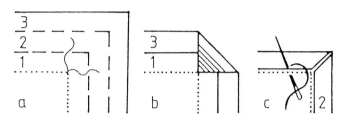

Hohlsaum

Den Hohlsaumstich von der linken Gewebeseite arbeiten. Mit der Nadel abwechselnd je zwei Fäden entlang der ausgezogenen Linie fassen und dann zwei Gewebefäden senkrecht in den umgeschlagenen Saum stechen.

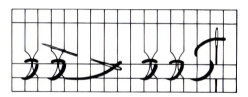

Tütenecken

Die Schnittkante zuerst versäubern, dann das Band rechts auf rechts der Länge nach zur Hälfte falten. Laut Skizze eine gerade Naht steppen und dabei die Nahtenden sichern. Die Nahtzugabe beträgt ca. 8 mm.

Die Nahtzugabe auseinanderstreichen und an der Spitze eine kleine Tüte legen, nicht abschneiden. Nun die Ecke wenden, dabei die Nahtzugabe mit den Fingerspitzen festhalten. Die Spitze mit der Sticknadel vorsichtig herausziehen.

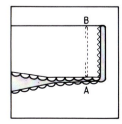 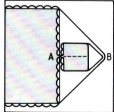

Stoffkauf

Denken Sie beim Stoffkauf daran, daß Sie immer Saumzugaben berücksichtigen, und geben Sie je nach Größe des Modells 5 bis 15 cm Stoff zur Sicherheit dazu.

Nadeln

Für gezählte Stickereien verwenden Sie immer eine stumpfe Sticknadel, also eine Nadel ohne Spitze.

Stickgarn

Alle Modelle sind mit Sticktwist gearbeitet. Wie der 6-fädige Sticktwist je nach Stichgröße aufgeteilt wurde, ist bei den Stickanleitungen vermerkt.

Sticken nach der Zählvorlage

Jedes Symbol steht für einen Kreuzstich. Bei größeren Motiven beginnen Sie mit dem Sticken am besten in der Mitte. Markieren Sie die Mitte mit einem Faden, und achten Sie darauf, daß der Abstand zwischen den Rändern und der Stickerei gleichmäßig ist.

Pflegehinweise

Je nach Verwendungszweck kann es notwendig sein, daß Sie Ihre Stickerei waschen müssen.
Gesticktes sollte sorgfältig behandelt werden, darum einige Tips zur Pflege:
Wenn Sie die Stickerei nicht von Hand waschen möchten, was zweifellos das schonendste ist, sollten Sie diese kostbare Handarbeit in ein Säckchen oder einen Kissenbezug stecken, um sie vor unnötiger Beanspruchung zu schützen. Aus diesem Grund dürfen Stickereien grundsätzlich nicht geschleudert werden und gehören keinesfalls in den Trockner, da durch das Ziehen und Herumwirbeln die Gewebestruktur gelockert wird.
Stickereien nur auf der Rückseite mit einem darübergelegten, feuchten Tuch bügeln. Ihre gestickten Werke werden so auf Dauer ihre Haltbarkeit und reizvolle Optik behalten.
Wasch- und Bügeltemperaturen richten sich immer nach dem schwächsten Glied. Wenn Sie z. B. Gold- und Silbergarne versticken, dürfen Sie mit maximal 30°C waschen und bei geringer Temperatur bügeln, auch wenn beim Gewebe 95°C und für das Bügeln „drei Punkte" angegeben sind. Achten Sie also grundsätzlich auch auf die Pflegevorschriften der Stickgarnhersteller.
Um die Farben unverändert zu erhalten, immer Waschmittel ohne Aufheller verwenden.

Zweigart Gewebearten

KREUZSTICH-ZÄHLSTOFFE

Das wesentlichste Merkmal eines Handarbeitszählstoffes ist seine quadratische Gewebestruktur. Das heißt, Längs- und Querfadensystem haben die gleiche Anzahl Fäden auf zehn Zentimeter. Das ist wichtig, damit Kreuzstichbordüren in beiden Richtungen gleich breit und Mustersätze gleich lang werden. Auch Einzelmotive entsprechen somit wirklich der Zählvorlage und erscheinen nicht verzerrt.

Aus dem breiten Angebot der ZWEIGART-Handarbeitszählstoffe sind nachstehend die Gewebe beschrieben, die in diesem Buch verwendet sind. Wenn Sie ein feineres oder groberes Gewebe wählen, ändern sich die Maße und damit auch der Stoffbedarf.

Grundlage für die Berechnung ist die Fadendichte auf zehn Zentimeter. Sie steht deshalb bei den Gewebebeschreibungen an erster Stelle.

DAVOSA 3770

ca. 71 Gewebefäden = 10 cm
Gewebebreiten: 140 und 180 cm
Material: 100% Baumwolle
Ausrüstung: pflegeleicht
Waschen: helle Farben 95°C
           dunkle Farben 60°C
Bügeln: •••

DAVOSA ist ein glatter Handarbeitsstoff aus reiner Baumwolle. Seine Gewebefäden bestehen aus feinen, mehrfach zusammengezwirnten Einzelfäden. Dadurch wird der Gewebefaden rund und gleichmäßig. Es entsteht eine klare, leicht zählbare Gewebestruktur, die für Kreuzstich besonders gut geeignet ist. Obwohl das Gewebe zu den gröberen Handarbeitsstoffen gehört, ist es durch diese dünnen Einzelfäden nicht zwangsläufig rustikal. Wenn Sie noch nie Kreuzstich gezählt haben oder Ihnen die feinen Auszählarbeiten zu anstrengend sind, ist dies das richtige Grundgewebe. Zudem können Sie aus einer großen Farbpalette auswählen.

Bellana 3256

ca. 80 Gewebefäden = 10 cm
Gewebebreiten: 140 und 180 cm
Material: 52% Baumwolle
          48% Viskose
Ausrüstung: pflegeleicht
Waschen: 60°C
Bügeln: •••

BELLANA ist ein glatter, perliger, besonders gut zählbarer Handarbeitsstoff. Mehrfachzwirn und Viskosebeimischungen bringen gleichmäßigen, edelglänzenden Ausdruck und eine übersichtliche Gewebestruktur. Es ist ein Gewebe von mittlerer Feinheit. Der Kreuzstich über zwei Gewebefäden ergibt eine zarte, elegante Stickerei, ohne allzu arbeitsintensiv zu sein.
BELLANA gibt es auch mit Gold- und Silbereffekt für festliche Stickereien; hier gilt dann allerdings maximal 30°C-Wäsche.

Lugana 3835

ca. 100 Gewebefäden = 10 cm
Gewebebreiten: 140 und 170 cm
Material: 52% Baumwolle
          48% Viskose
Ausrüstung: pflegeleicht
Waschen: 60°C
Bügeln: •••

LUGANA ist ein eleganter Handarbeitsstoff in Leinwandbindung. Seine regelmäßige Struktur bekommt er durch den glatten Dreifachzwirn, und die Viskosebeimischung fügt den edlen Glanz hinzu. Er hat die gleiche Materialzusammensetzung wie BELLANA, ist jedoch feinfädiger und dichter gewebt. Er gehört damit zur Gruppe der feinen Zählstoffe. Durch die perlige, klare Oberfläche bleibt er trotzdem gut zu zählen. Alle Stickvorlagen im Buch werden auf diesem Gewebe zur zarten Kostbarkeit, Sie brauchen nur zu berücksichtigen, daß sich die Maßangaben verändern.

Annabelle 3240

ca. 112 Gewebefäden = 10 cm
Gewebebreiten: 140 und 180 cm
Material: 100% Baumwolle
Ausrüstung: pflegeleicht
Waschen: 60°C
Bügeln: •••

ANNABELLE ist ein feines, dichtes Strukturgewebe aus reiner Baumwolle. Es wird durch schwache Flammen in großen Abständen belebt und bleibt dabei gleichmäßig und gut auszählbar. Seine Oberfläche hat Leinencharakter, gleichzeitig aber die Pflegeeigenschaften von reiner Baumwolle und ist daher leichter zu bügeln. Für Liebhaber sehr feiner Kreuzsticharbeiten ist es ein ideales Grundgewebe.

MERAN 3972

ca. 107 Gewebefäden = 10 cm
Gewebebreiten: 140 und 180 cm
Material: 60% Viskose
          40% Baumwolle
Ausrüstung: pflegeleicht
Waschen: 60°C
Bügeln: •••

Das besondere Merkmal von MERAN ist seine ausdrucksvolle Flammenstruktur. Sie entsteht, indem matte Baumwollflamme mit glänzender Viskose zusammengezwirnt wird. Die Kreuzstiche erscheinen nicht so gleichmäßig wie auf glatten Zählstoffen, und die Stickerei wirkt dadurch lebendiger. Mit ca. elf Fäden pro Zentimeter gehört MERAN zur Gruppe der feineren Zählgewebe.

REINLEINEN-STICKBÄNDER

ca. 90 Fäden = 10 cm
Material: 100% Leinen
Waschen: 95°C
Bügeln: •••

REINLEINEN-STICKBÄNDER sind Handarbeitszählstoffe mit festen Rändern. Es gibt sie in verschiedenen Breiten, in Weiß oder Natur-Leinen und mit farbigen Bogenkanten.
Wenn Sie die Bänder auf andere Gewebe aufnähen, müssen Sie den unterschiedlichen Einsprung bei der Wäsche berücksichtigen. Also am besten beide Teile vorher waschen.

7272: Breite ca. 8,5 cm
       Stickbreite ca. 5,5 cm = 50 Fäden = 25 Stiche
7273: Breite ca. 12,5 cm
       Stickbreite ca. 9 cm = 82 Fäden = 41 Stiche

AIDA-KREUZSTICHBÄNDER

ca. 60 Stiche = 10 cm Länge
Material: 100% Baumwolle
Waschen: 60°C
Bügeln: •••

AIDA-KREUZSTICHBÄNDER sind feine AIDA-Zählstoffe mit befestigten Rändern. Durch die spezielle Bindungstechnik entstehen klare Stichquadrate. Sie bestehen aus jeweils drei dünnen Einzelfäden, wobei Ein- und Ausstichstellen durch kleine Löcher im Gewebe deutlich gekennzeichnet sind. Die Bänder gibt es in mehreren Breiten und mit verschiedenen Farben in den Bogenkanten.

7107: Bortenbreite 5 cm = 26 Stiche
7008: Bortenbreite 8 cm = 42 Stiche

BORDÜREN-HANDTÜCHER

Bordürenbreite: ca. 5,5 cm = 23 Stiche
ca. 40 Stiche = 10 cm Länge
Material: 100% Baumwolle
Ausrüstung: pflegeleicht
Waschen: 60°C
Bügeln: •••

Diese WAFFELPIKEE-HANDTÜCHER sind fertig gesäumt und haben Bordüren in AIDA-Bindung. Sie können dadurch direkt bestickt werden. In zwei Streifen sind die Gewebefäden zu klaren Stichquadraten gebündelt, über die jeweils ein Kreuzstich gestickt wird. Farbig gemusterte Kanten fassen die Stickerei ein und verbreitern sie. Der Grund ist in saugfähiger, klassischer Waffelbindung gewebt.

5343 WAFFELPIKEE-HANDTUCH, ca. 50 x 80 cm

BERECHNEN UND ANNÄHEN DER SPITZE

Spitzenverbrauch

Die Angaben für den Spitzenverbrauch gelten für die Original-Modellgrößen. Wenn Sie mehr Rand stehen lassen oder eine breitere Spitze wählen, brauchen Sie auch mehr Spitze. Der Spitzenverbrauch errechnet sich aus der Formel: 2 x Länge + 2 x Breite + 8 x Bortenbreite + 5 bis 10 cm Zugabe. Da die Spitzenenden etwas übereinandergenäht werden, rechnen Sie noch ein paar Zentimeter Spitze zur Sicherheit dazu.

Annähen der Spitze

Bei rechteckigen und quadratischen Modellen wird die Spitze an den Ecken so im rechten Winkel angesteckt, daß sich eine Tüte bildet (1).
Die Tüten auf die Rückseite durchstecken, abnähen und ausbügeln (2).
Von rechts die Spitze annähen. Bei festen und feinen Spitzen, die nicht stark ausfransen, kann man die Tüten abschneiden und die Ecke versäubern (3).

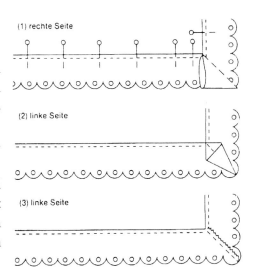

Hähne, Hennen und Gänse

Hühner sind für jede Jahreszeit ein passendes Motiv. Diese dekorativen Topflappen finden sowohl im Landhaus als auch in der Wohnküche ihren Platz. Als individuelles Geschenk sind sie immer willkommen.

STICKTWIST
Kreuzstich 2-fädig
Konturen 1-fädig

1 KÄSTCHEN =
2 GEWEBEFÄDEN

TOPFLAPPEN IN EIFORM

HAHN
ANNABELLE 3240 hellgrau

Motivgröße:
47 x 57 Stiche = ca. 8,4 x 10 cm

HENNE
ANNABELLE 3240 beige

Motivgröße:
52 x 42 Stiche = ca. 9,3 x 7,5 cm
Stoffgröße: ca. 20 x 25 cm
Rückwandstoff: ca. 20 x 25 cm
Stoffzuschnitt gemäß Schnittzeichnung,
Vlies zum Füttern genauso
zuschneiden
Paspel: ca. 85 cm, rot

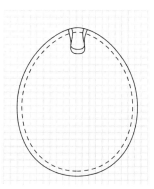

1 Karo ≙ 1 cm im Original

Den bestickten Stoff, den Rückwandstoff und das Vlies ca. 20 x 25 cm groß zuschneiden. Den Vliesstoff zwischen beide Stoffteile legen und alle drei Lagen zusammenheften. Gemäß dem Schnitt auf dieser Seite zuschneiden. Für den Aufhänger 10 cm Paspel zusammensteppen. Die Eiform mit der Paspel umnähen und den Aufhänger gemäß Zeichnug mit einsteppen.

Zählvorlagen auf Seite 14 und 19

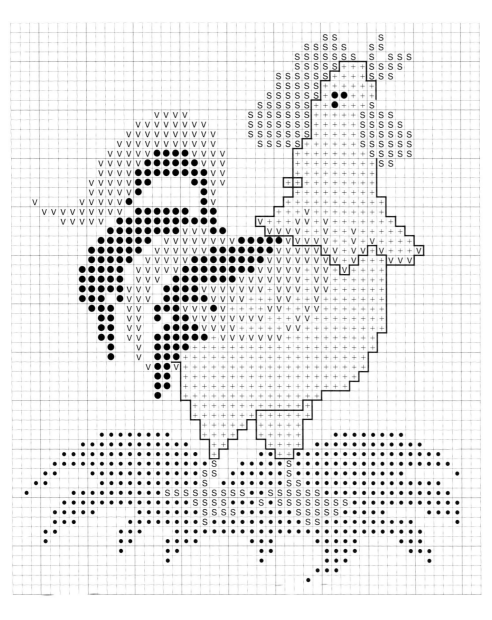

Hahn

- ● tannengrün
- S rot
- ● schwarz
- V grau
- + weiß

Konturen: schwarz

Zählvorlage zu Seite 13 und 15

KINDERLÄTZCHEN
BELLANA 3256 hellblau

Motivgröße:
44 x 32 Stiche = ca. 11 x 8 cm
Stoffgröße: ca. 25 x 27 cm
Paspel: ca. 170 cm, dunkelblau

STICKTWIST, 4-fädig

1 KÄSTCHEN = 2 GEWEBEFÄDEN

Spielzeugbunt stolziert der Hahn über die Tulpenwiese. Da bleibt nur noch ein herzliches „Frohe Ostern" zu wünschen.

Das Lätzchen gemäß der Schnittzeichnung zuschneiden und mit Paspelband einfassen. Dabei zuerst den äußeren Rand steppen, dann den Halsausschnitt paspelieren. Dabei ca. 25 cm Paspel an jeder Seite zum Binden überstehen lassen.
Nach dem Nähen das Lätzchen besticken. Dazu die Mittellinie gemäß Zählvorlage markieren und den Hahn ca. 5 cm vom unteren Rand einsticken.

Zählvorlage auf Seite 18

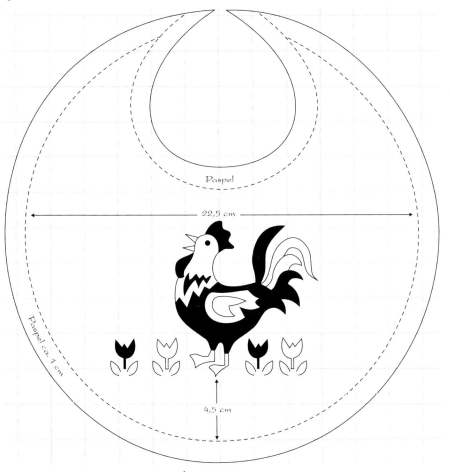

1 Karo ≙ 2 cm im Original

Kinderlätzchen

- ◆ tannengrün
- ● blau
- S maigrün
- • rot
- ▼ gelb
- + hellviolett
- I lila
- X schwarz

Zählvorlage zu Seite 16 und 17

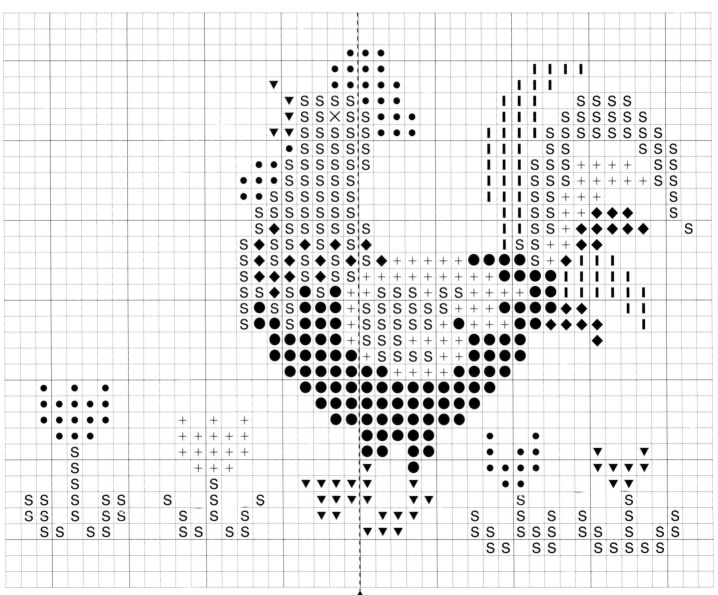

Mitte

Henne

+ weiß
▼ beige
V grau
● schwarz

S rot
● tannengrün
Konturen: schwarz

Zählvorlage zu Seite 13 und 15

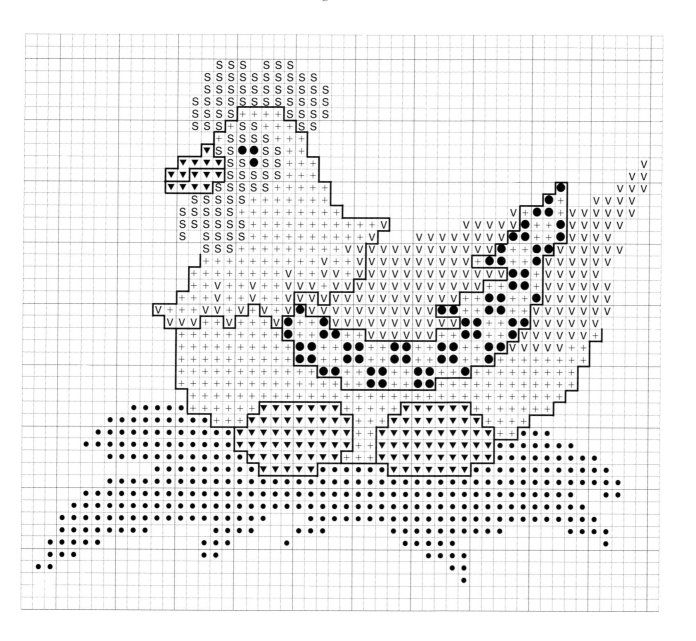

19

Gänse, Gänse, Gänse, überall Gänse. Dieses Motiv kann schon bald auch Ihrer Küche ländlichen Charme verleihen.

HANDTUCH
WAFFELPIKEE-HANDTUCH 5343 weiß-blau

AIDA-Borte: 23 Stiche
Größe: ca. 50 x 80 cm

STICKTWIST
Kreuzstich 3-fädig
Konturen 1-fädig

Die Bortenmitte markieren und die Stickerei von der Mitte her einteilen. In der Zählvorlage ist diese gekennzeichnet. Für das abgebildete Handtuch sticken Sie:
1 x Anfangsmotiv, 2 x Rapport = 28 Stiche + 140 Stiche = 168 Stiche (siehe Zählvorlage).

Sie können das Motiv natürlich genauso auf ein AIDA-Band sticken und dieses auf ein beliebiges Handtuch nähen.

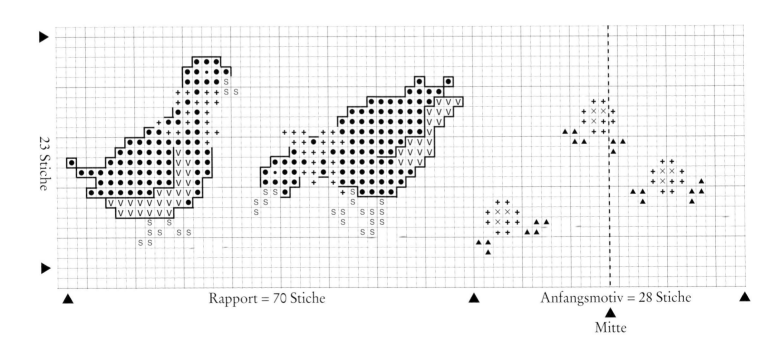

23 Stiche

Rapport = 70 Stiche   Anfangsmotiv = 28 Stiche

Mitte

- schwarz
- weiß
- S orange
- + blau
- V hellgrau
- X hellgelb
- ▲ dunkeloliv
- Konturen: schiefergrau

Gänse sind in Mode gekommen. Stolz recken sie ihre Hälse oder ducken sich tief ins grüne Gras. Diese zwei Gänse, mit prächtiger Schleife, schnattern lustig mit beim wöchentlichen Bummel über den Markt.
Sie wären auch ein dekorativer Blickfang auf Ihrer Schürzentasche.

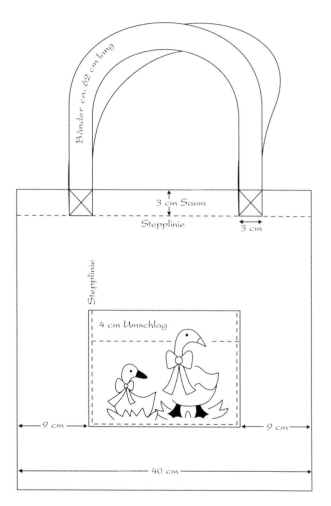

STOFFTASCHE
LUGANA 3835 dunkelgrün

Motivgröße:
72 x 55 Stiche = ca. 15 x 11 cm
Stoffgröße: ca. 22 x 20 cm
An der oberen Kante der aufgesetzten Tasche ca. 4 cm vor dem Aufsteppen einschlagen
Stoffgröße für die mittelgrüne Stofftasche: ca. 40 x 100 cm,
für die Bänder: 7,5 x 70 cm
(zweimal zuschneiden)

STICKTWIST, 3-fädig

1 KÄSTCHEN = 2 GEWEBEFÄDEN

Die Stofftasche gemäß der Schemazeichnung nähen und die bestickte Tasche entsprechend aufsetzen.

Zählvorlage auf Seite 24

Zählvorlage zu Seite 22 und 23

- ◆ reseda
- V hellgrau
- · schwarz
- + moosgrün
- ● weiß
- = rosé
- S patinagrün
- X gelb

Zählvorlage zu Seite 32 und 33 ▶

- ● braun
- ◆ hellbraun
- · weiß
- / oliv
- X grün
- ▶ lila
- S rosa
- V pink
- + sonnengelb

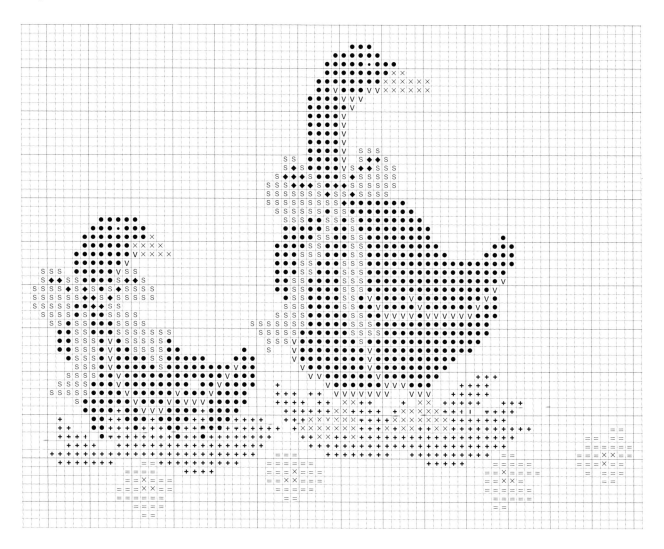

24

Nostalgische Ostern

An die gemütlichen Morgenstunden in der guten, alten Bauernstube erinnern die folgenden Motive. Landleben ist wieder „in". Ein bißchen davon können Sie sich auch in Ihrem Zuhause gönnen.

EIERWÄRMER
ANNABELLE 3240 weiß

Motivgröße:
22 x 29 Stiche = ca. 4 x 5,2 cm
Stoffgröße: ca. 13 x 26 cm, zweimal zuschneiden (einmal Rückwand)
Stoffzuschnitt gemäß Schnittzeichnung auf Seite 29, Vlies zum Füttern genauso zuschneiden und am Stoffbruch halbieren
Paspel: ca. 30 cm, rot

STICKTWIST, 2-fädig

1 KÄSTCHEN = 2 GEWEBEFÄDEN

Nach dem Sticken den Stoff, den Rückwandstoff und das Vlies gemäß der Schnittzeichnung von Seite 29 zuschneiden. Zwischen die zusammengefalteten Stoffteile das halbierte Vlies legen und den Eierwärmer zusammenheften. Mit der Paspel alle Stofflagen zusammensteppen.

SERVIETTE
ANNABELLE 3240 weiß

Motivgröße:
40 x 30 Stiche = ca. 7 x 5,5 cm
Stoffgröße: ca. 43 x 43 cm
Serviettengröße: ca. 35 x 35 cm
Hohlsaum: 2 cm breit, blau genäht

STICKTWIST, 2-fädig

1 KÄSTCHEN = 2 GEWEBEFÄDEN

Das Motiv gemäß der Schemazeichnung von Seite 29 3,5 cm vom linken und 3 cm vom oberen Hohlsaumrand entfernt sticken (Anleitung siehe Seite 7).

SET
ANNABELLE 3240 weiß

Motivgröße:
39 x 31 Stiche = 1 Rapport = ca. 7 x 5,5 cm
Stoffgröße: ca. 52 x 42 cm
Setgröße: ca. 45 x 35 cm
Hohlsaum: 2 cm breit, grün genäht

STICKTWIST, 2-fädig

1 KÄSTCHEN = 2 GEWEBEFÄDEN

Das Motiv gemäß der Schemazeichnung von Seite 28 dreimal untereinander mit jeweils fünf Stichen Abstand anordnen. Ca. 2 cm vom linken Rand und ca. 6 cm vom oberen und unteren Rand der Schmetterlinge entfernt einen 2 cm breiten Hohlsaum arbeiten (Anleitung siehe Seite 7).

Zählvorlagen auf Seite 28 und 29

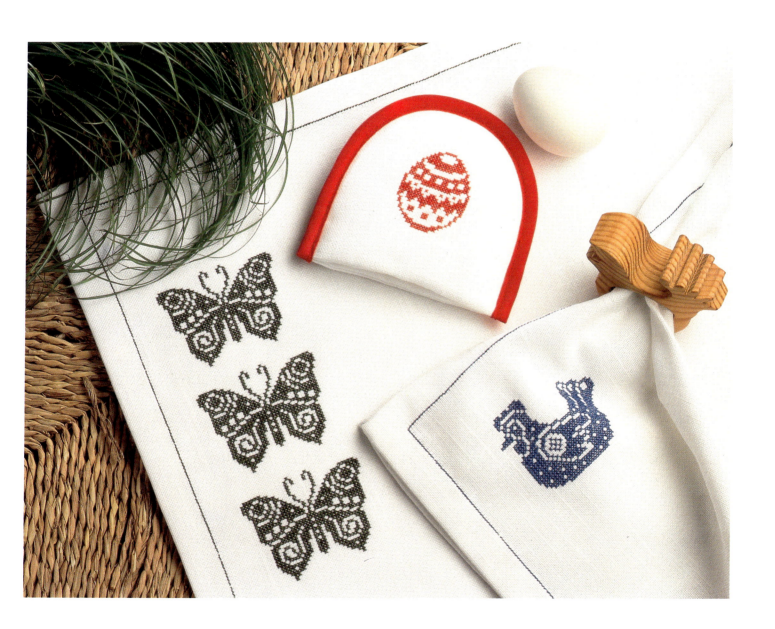

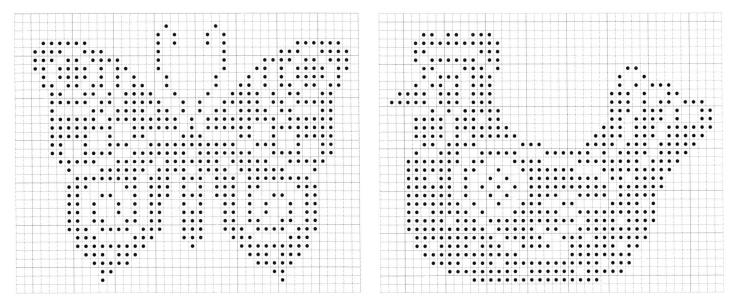
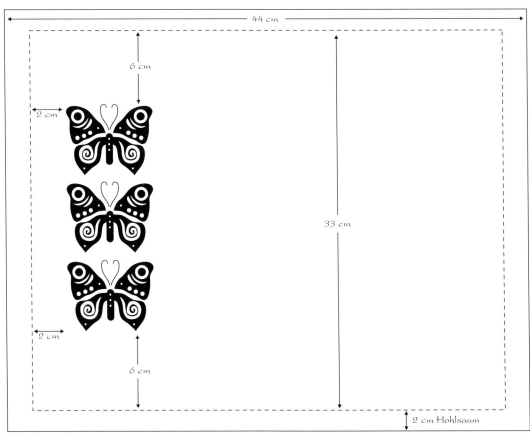

Set	Serviette	Eierwärmer
● grün	● blau	● rot

Zählvorlagen zu Seite 26, 27, 30 und 31

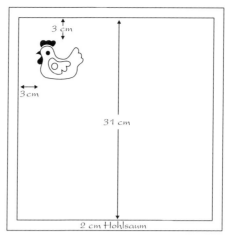

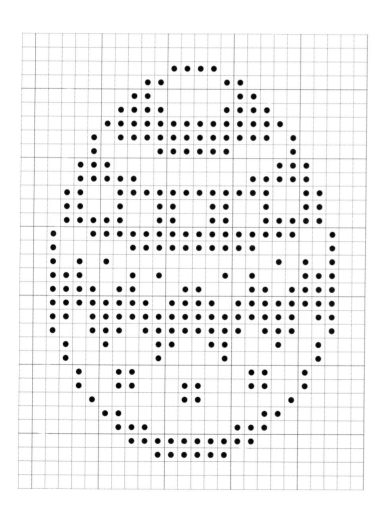

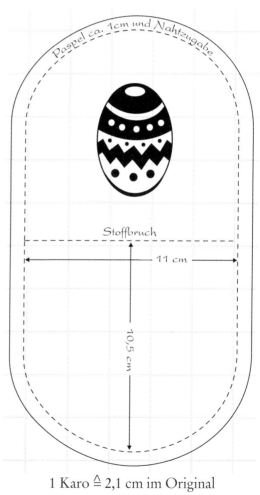

1 Karo ≙ 2,1 cm im Original

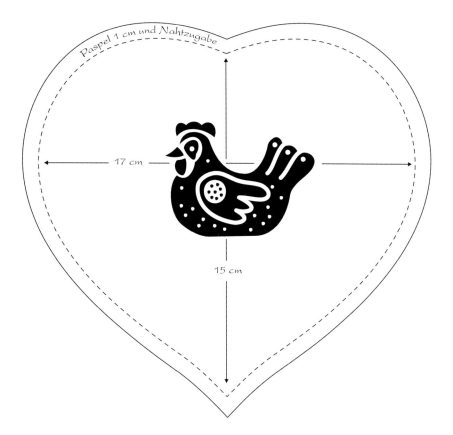

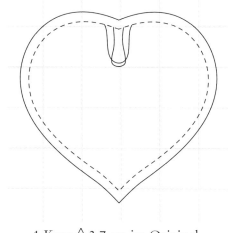

1 Karo ≙ 3,7 cm im Original

Auch wenn Sie schon morgen eingeladen sind, diese weiß bestickten Topflappen werden noch rechtzeitig fertig.

Topflappen in Herzform

Huhn
Annabelle 3240 mittelgrün

Motivgröße:
40 x 30 Stiche = ca. 7 x 5,5 cm

Sticktwist, 2-fädig (weiß)

1 KÄSTCHEN = 2 GEWEBEFÄDEN

Schmetterling
Annabelle 3240 dunkelgrün

Motivgröße:
39 x 31 Stiche = ca. 7 x 5,5 cm
Stoffgröße: ca. 20 x 20 cm
Rückwandstoff: ca. 20 x 20 cm
Stoffzuschnitt gemäß Schnittzeichnung.
Vlies zum Füttern genauso zuschneiden
Paspel: ca. 75 cm, weiß

Sticktwist, 2-fädig (weiß)

1 KÄSTCHEN = 2 GEWEBEFÄDEN

Den bestickten Stoff, den Rückwandstoff und das Vlies ca. 20 x 20 cm groß zuschneiden. Den Vliesstoff zwischen beide Stoffteile legen und alle drei Lagen zusammenheften. Gemäß dem obigen Schnitt zuschneiden.
Für den Aufhänger ca. 10 cm Paspel zusammensteppen. Die Herzform mit der Paspel umnähen und den Aufhänger laut Zeichnung mit einsteppen.

Zählvorlagen auf Seite 28

Kunterbunte Ostermotive

So viele bunte Ostereier, wie diese Osterhasen bemalt haben, würde wohl jeder gern finden. Da macht das Osterfest so richtig Spaß und erfreut die Kleinen und die Großen.

Osterdeckchen
LUGANA 3835 weiß

Motivgröße:
214 x 218 Stiche = ca. 43 x 43 cm
Stoffgröße: ca. 55 x 55 cm
Hohlsaum: 2 cm breit, grün genäht

Sticktwist, 2-fädig

1 KÄSTCHEN = 2 GEWEBEFÄDEN

Das Deckchen von der Mitte aus einteilen und die Mitte mit Heftfaden markieren. Die Zählvorlage zeigt etwas mehr als ein Viertel des Deckchens. Zum Sticken wird sie gedreht. Die gestrichelte Linie in der Zeichnung entspricht Ihrer Mittellinie (Heftfaden).
Nach dem Sticken in fünf Stichen Abstand zur Stickerei einen doppelten, 2 cm breiten Hohlsaum in Grün arbeiten (Anleitung siehe Seite 7).

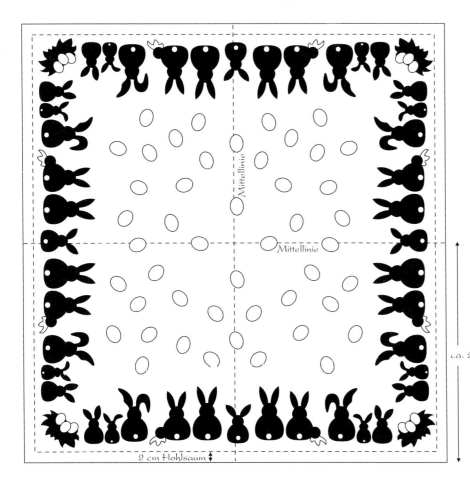

Zählvorlage auf Seite 25

Für den leuchtend bunten Frühlingstisch oder als Schmuck für die modisch junge Wohnung kommt dieses Band gerade recht. Als Geschenkband um ein Päckchen ein toller Gag.

Wie der Osterhase sie im Gras versteckt, so lustig bunt sind die Ostereier auf das Tischband gestickt. Ein Blickfang auf jedem Ostertisch.

Geschenkband
Reinleinen-Stickband 7272 weiß

Bandbreite: 8,5 cm
Motivgröße: 1 Rapport = 38 x 26 Stiche
= ca. 8 x 5,5 cm
Bandlänge je nach Päckchengröße wählen

Sticktwist, 3-fädig

1 Kästchen = 2 Gewebefäden

Die Bandenden gerade oder dem Motiv entsprechend diagonal umsteppen. Am schönsten wirkt das Band, wenn eine Farbe zu Ende gestickt ist, also das Motiv diagonal gestickt endet.

Zählvorlage auf Seite 37

Tischband
Reinleinen-Stickband 7272 weiß-grün

Bandbreite: 8,5 cm
Motivgröße: je nach Tischmaß,
auf der Abbildung: 130 x 23 Stiche
= 2 Rapporte = ca. 24,5 x 4,7 cm

Sticktwist, 3-fädig

1 Kästchen = 2 Gewebefäden

Die Bandenden zur Spitze nähen und die Motive von der Mitte her einteilen. In der Zählvorlage ist diese gekennzeichnet. Die Anleitung für die Tütenecke finden Sie auf Seite 7.

Zählvorlage auf Seite 36

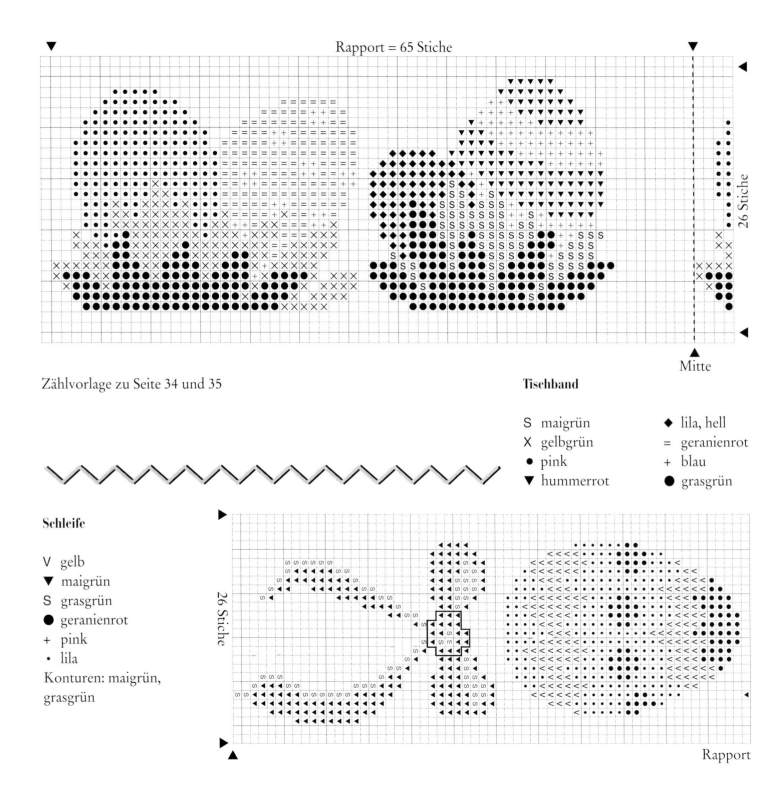

Zählvorlage zu Seite 34 und 35

Tischband

S maigrün ◆ lila, hell
X gelbgrün = geranienrot
● pink + blau
▼ hummerrot ● grasgrün

Schleife

V gelb
▼ maigrün
S grasgrün
● geranienrot
+ pink
· lila

Konturen: maigrün, grasgrün

Geschenkband

▼ lila
+ pink
S geranienrot
● grasgrün
X blau
• gelb

Zählvorlage zu Seite 34 und 35

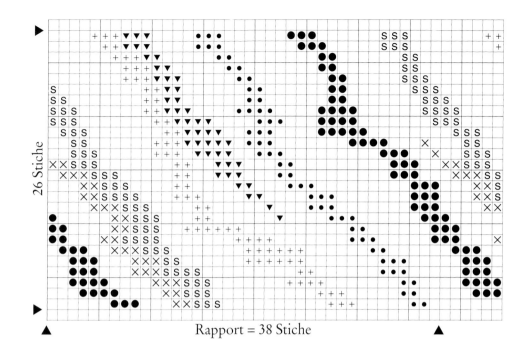

26 Stiche

Rapport = 38 Stiche

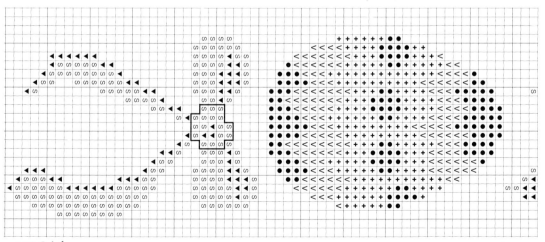

= 120 Stiche

Zählvorlage zu Seite 38 und 39

37

Fehlt an Ihrer Eingangstür noch ein farbenfroher Willkommensgruß zur Osterzeit?
Diese Schleife ist schnell gestickt und erfreut auch jeden lieben Besuch.

Schleife
REINLEINEN-STICKBAND 7272 weiß-gelb

Bandbreite: 8,5 cm
Motivgröße:
120 x 21 Stiche = ca. 26 x 4,6 cm
= 1 Rapport
Bandlänge: 150 cm

Sticktwist
Kreuzstich 3-fädig
Konturen 1-fädig

1 KÄSTCHEN = 2 GEWEBEFÄDEN

Die Bandenden zur Spitze nähen und von beiden Seiten her besticken. Die Mitte zur Doppelschleife zusammenfassen.
Die Anleitung für die Tütenecken finden Sie auf Seite 7.

Zählvorlage auf Seite 36 und 37

Alle Vöglein sind schon da...

Ob als Band um eine Dose, als Regalborte oder als Schmuck am Türkranz, diese kleinen Piepmätze stimmen uns froh und sind schnell gestickt.

ZIERBORTE
AIDA-KREUZSTICHBAND 7107 weiß-hellgrün

Bandbreite: 5,5 cm = 26 Stiche
Motivgröße: 40 x 22 Stiche =
ca. 6,8 x 3,6 cm = 1 Rapport

STICKTWIST
Kreuzstich 2-fädig
Konturen 1-fädig

Die Motive von der Bandmitte her einteilen und je nach Dosenumfang die Anzahl der Motive wählen.

| | tannengrün
+ resedagrün
• dunkelbraun
▼ grau
S terracotta
X hummerrot
/ rindenbraun
● eiche, hell
= ocker
Konturen:
dunkelbraun

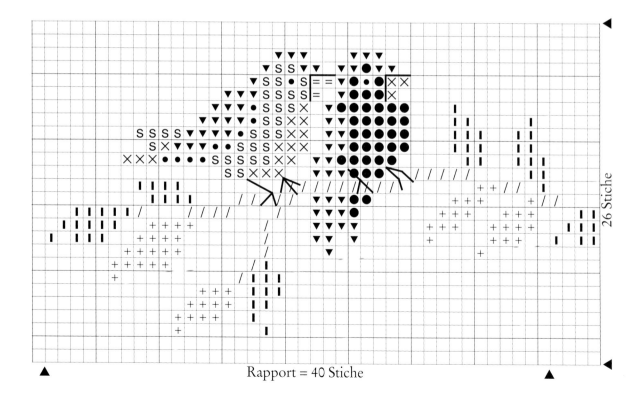

Rapport = 40 Stiche

26 Stiche

40

Duftige Frühlingsboten

WEIDENKÄTZCHEN

Wer freut sich nicht über die ersten aufbrechenden Knospen draußen in der Natur?
Mit einem Weidenkätzchenband zaubern Sie diese Freude auf Ihren Frühlingstisch.

TISCHBAND ODER SCHLEIFE
REINLEINEN-STICKBAND 7273 weiß-altrosé

Bandbreite: 12 cm = 42 Stiche
Motivgröße:
82 x 29 Stiche = ca. 17,5 x 6,3 cm
= 1 Rapport

STICKTWIST
Kreuzstich 3-fädig
Konturen 1-fädig

1 KÄSTCHEN = 2 GEWEBEFÄDEN

Als Tischband die Motive von der Mitte her einteilen. Als Schleife die Bandenden zur Spitze nähen und von beiden Seiten her besticken. Die Mitte zur Schleife zusammenfassen.
Die Anleitung für die Tütenecke finden Sie auf Seite 7.

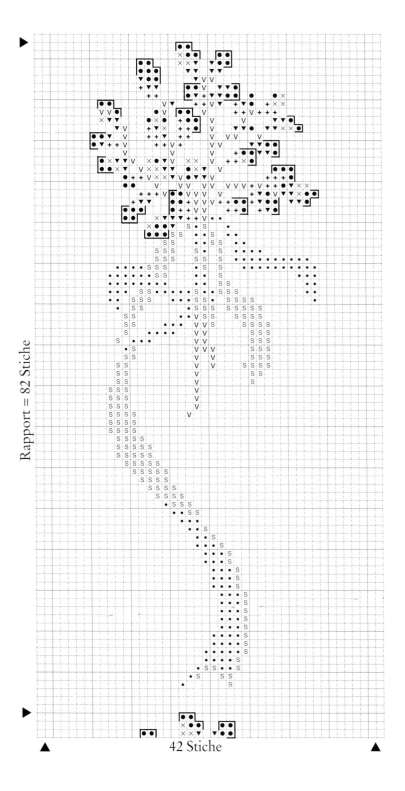

S rosa
· zartrosa
V grün
● hellgrau
X schiefergrau
+ dunkelbraun
▼ braun
Konturen: schiefergrau

SCILLA

Zusammen mit Schneeglöckchen und Traubenhyazinthen ist Scilla eine der ersten Blumen, die in der Frühlingssonne aus dem Schnee hervorschaut. Ganz einfach zu sticken.

HANDTUCH
WAFFELPIKEE-HANDTUCH 5343 weiß-grün

AIDA-Borte: 23 Stiche
Größe: ca. 50 x 80 cm

STICKTWIST, 3-fädig

Die Bortenmitte markieren und die Stickerei von der Mitte her einteilen. In der Zählvorlage ist diese gekennzeichnet. Für das abgebildete Handtuch sticken Sie:

2 x Rapport + 1 x Endmotiv = 149 Stiche.

Sie können das Motiv natürlich genauso auf ein AIDA-Band sticken und dieses auf ein beliebiges Handtuch nähen.

▼ porzellanblau
X gletscherblau
• tannengrün
/ hellgrün

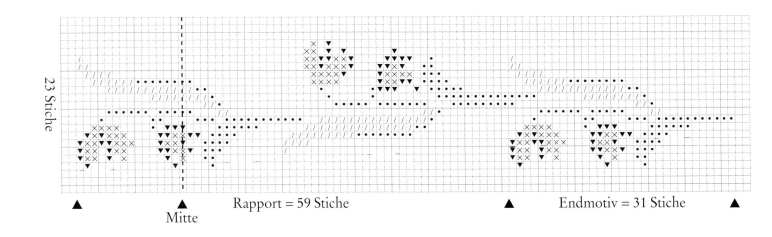

44

Narzissen

Natürlich und locker wie im Osterstrauß wachsen diese Narzissen auf Ihrem Frühlingsset. Wer bekommt da nicht Lust auf einen Spaziergang in der Frühlingssonne oder gar aufs Osternestsuchen?

Set
DAVOSA 3770 hellgelb
DAVOSA 3770 weiß

Motivgröße:
46 x 89 Stiche = ca. 12,7 x 24,8 cm
Stoffgröße: ca. 45 x 35 cm
Paspel: ca. 170 cm, weiß oder gelb

Sticktwist
Kreuzstich 3-fädig
Konturen 1-fädig

1 KÄSTCHEN = 2 GEWEBEFÄDEN

Die Zählvorlage zeigt das Motiv, dessen Plazierung bei der Zählvorlage angegeben ist. Lassen Sie rundherum 1 cm Platz für die Paspel.

Zählvorlage auf Seite 48

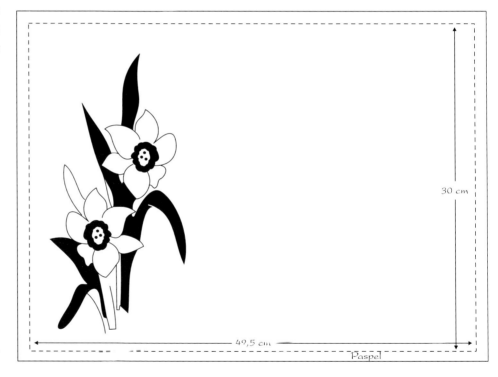

Plazierung der Narzissen:

14 Stiche zum oberen Rand,
10 Stiche zum unteren Rand,
10 Stiche zum linken Rand,
103 Stiche zum rechten Rand.

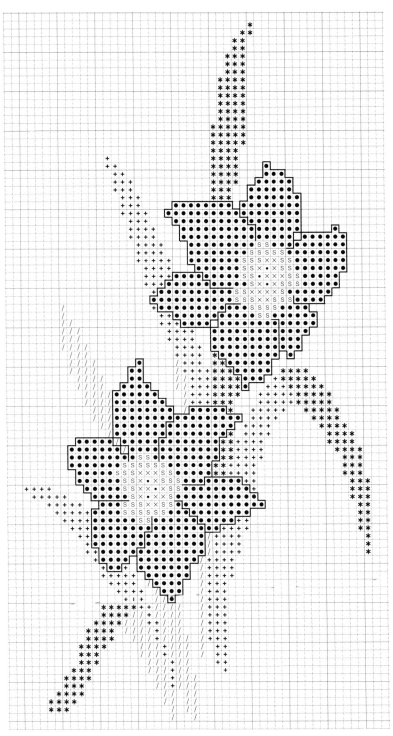

● weiß
/ birkengrün
✽ tannengrün
+ grasgrün
• dunkelbraun
x gelb
S orange
Konturen: graubraun

Zählvorlage zu Seite 46 und 47

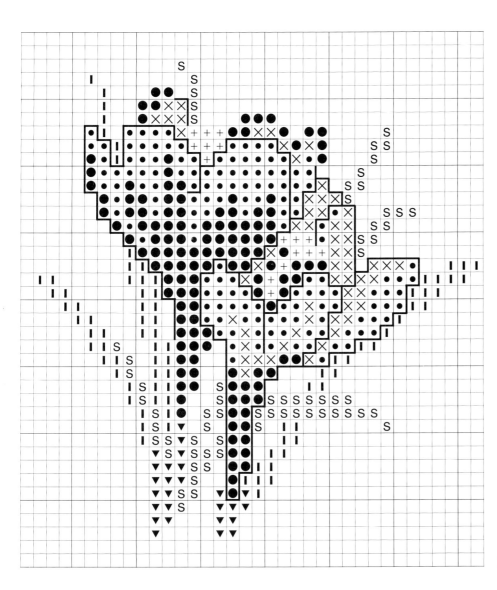

Zählvorlage zu Seite 50 und 51

49

Krokus

Krokusblüten wie auf der Frühlingswiese. Wer hätte da nicht Lust, mit an Ihrem Frühstückstisch zu sitzen? Auch wenn die Krokusblüten verblüffend echt wirken, schwer zu sticken sind sie nicht.

Sticktwist, 2-fädig

1 KÄSTCHEN = 2 GEWEBEFÄDEN

Nach dem Sticken den Stoff, den Rückwandstoff und das Vlies gemäß der Schnittzeichnung zuschneiden. Zwischen die zusammengefalteten Stoffteile das halbierte Vlies legen und den Eierwärmer zusammenheften. Mit der Paspel alle Stofflagen zusammensteppen.

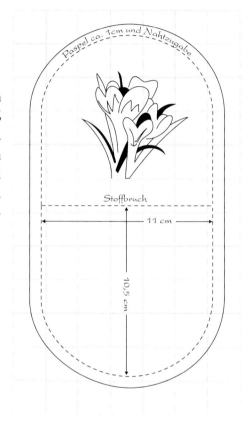

1 Karo ≙ 2,1 cm im Original

Eierwärmer
LUGANA 3835 weiß
MERAN 3972 maisgelb

Motivgröße:
35 x 36 Stiche = ca. 7 x 7 cm
Stoffgröße: ca. 13 x 26 cm, zweimal zuschneiden (einmal Rückwand)
Stoffzuschnitt gemäß Schnittzeichnung, Vlies zum Füttern genauso zuschneiden und am Stoffbruch halbieren
Paspel: ca. 30 cm, gelb oder weiß

Zählvorlage auf Seite 49

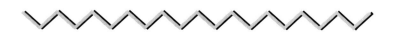

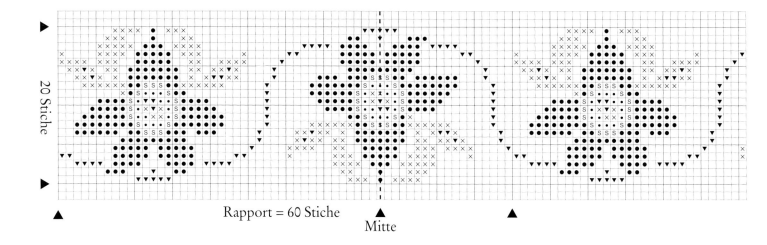

Anemone

Duftige Frühlingsblüten ranken sich auf dieser Schürze zum Band aneinander. Sogar vor Gästen kann man sich mit dieser zart bestickten Schürze sehen lassen.

Schürzenband

AIDA-KREUZSTICHBAND 7107 weiß-hellgrün

Motivgröße:
330 x 20 Stiche = ca. 57 cm
= 5.5 Rapporte

Sticktwist, 2-fädig

Die Motive von der Mitte her einteilen. Das Band nach dem Sticken auf die Schürze nähen.

Schürze

ca. 60 x 75 cm weißes Leinen
BELFAST 3609 weiß

Bänder

10 x 140 cm weißes Leinen

Für den unteren Saum den Stoff 1 cm einschlagen und einen 3 cm breiten Saum nähen. 10 cm vom unteren Saum das bestickte Band aufsteppen. Die seitlichen Kanten 1 cm einschlagen und einen 1 cm breiten Saum nähen.
Die Oberkante der Schürze auf 40 cm einkräuseln. Für das 4 cm breite Schürzenband den Stoff rechts auf rechts der Länge nach falten. Die Schmalkanten zusammensteppen und versäubern. Das Band verstürzen und knappkantig zusammensteppen. Dabei das Schürzenteil in der Mitte des Bandes zwischenfassen.

S rost
● apricot
· gelb
X oliv, hell
▼ oliv, dunkel

MARGERITEN-DECKE
DAVOSA 3770 hellgrün

Motivgröße:
301 x 301 Stiche = ca. 85 x 85 cm
Stoffgröße: ca. 90 x 90 cm
Spitze: 7227/6, 3,5 cm breit, ca. 4 m

STICKTWIST
Kreuzstich 3-fädig
Konturen 1-fädig

1 KÄSTCHEN = 2 GEWEBEFÄDEN

Die Decke von der Mitte aus einteilen und die Mittellinien mit Heftfäden markieren. Zusätzlich an allen vier Seiten 41 cm von der Mitte entfernt eine Linie markieren. 43 Stiche vom Mittelstich entfernt beginnt auf dieser Linie der Margeritenstiel. Der Anfang ist in der Zählvorlage gekennzeichnet. Die Zählvorlage zeigt ein Viertel der Decke. Zum Sticken wird sie gedreht. Die gestrichelte Linie auf der Zeichnung entspricht Ihrem Heftfaden.
Wenn Sie die Abstände zur Mitte reduzieren, entsteht ein lockerer Blütenkranz.
Die fertige Decke mit Spitze versäubern (Anleitung siehe Seite 12).

Zählvorlage auf Seite 56 und 57

STROHHUTBAND
AIDA-KREUZSTICHBAND 7008 creme

Rapportgröße:
55 x 27 Stiche = ca. 9,5 x 4,5 cm

STICKTWIST, 2-fädig

Die Anzahl der gestickten Kornblumenmotive richtet sich nach dem Hutumfang.
Tip: Auch für ein „blau-weißes" Küchenbord ist das zarte Kornblumenband eine hübsche Zierde.

Zählvorlage auf Seite 57

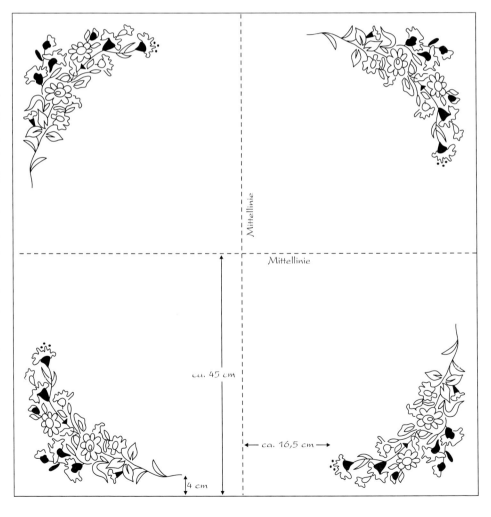

MARGERITE UND KORNBLUME *Wer will sich da nicht einladen lassen? Zu einem Picknick auf der Frühlingswiese, so richtig in der Natur.* *Und dann einen duftigen Wiesenblumenstrauß pflücken, das macht Spaß!*

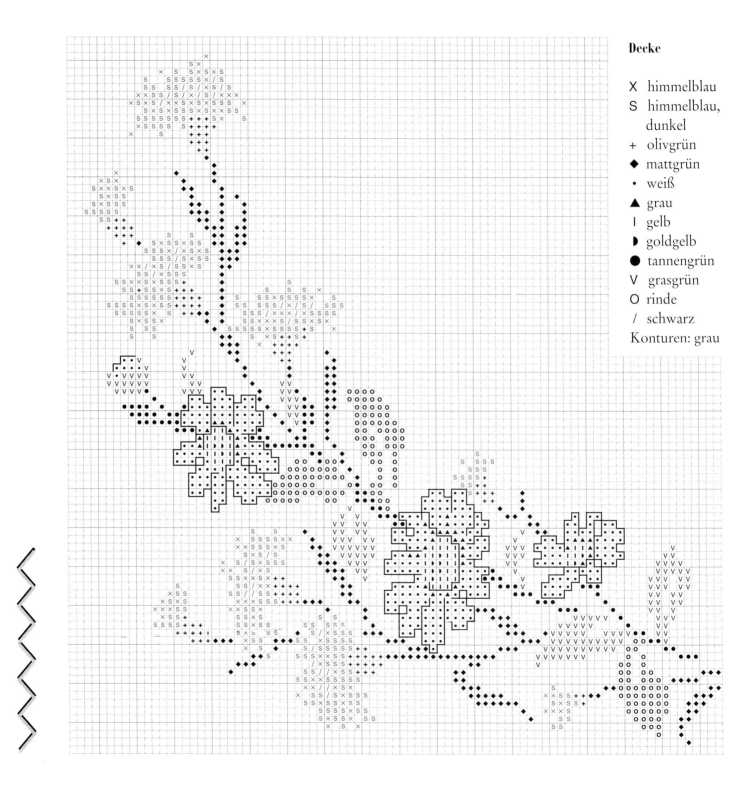

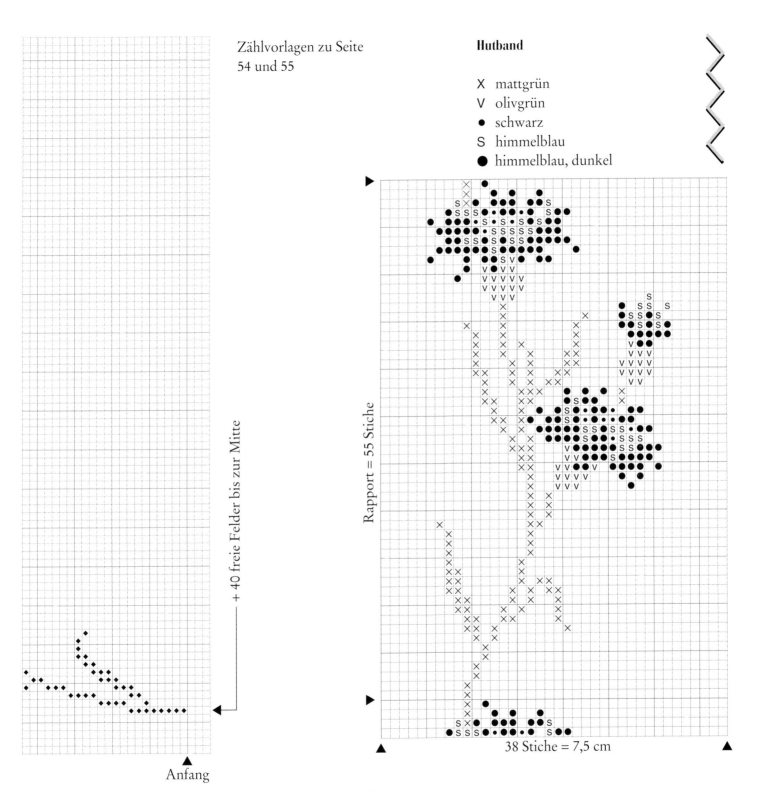

Alpenveilchen

Schon im Jugendstil ein beliebtes Motiv - das Alpenveilchen.
Mit seinen dekorativen Blüten unverkennbar, läßt es sich in vielen Formen gefällig anordnen. Hier entsteht eine edle Kaffeedecke, die Sie beliebig vergrößern können, wenn Sie das Mittelmotiv mehrfach sticken. Die Arbeit lohnt sich.

Quadratische Mitteldecke
LUGANA 3835 pastellgrün

Motivgröße:
271 x 271 Stiche = ca. 55 x 55 cm
Stoffzuschnitt: ca. 96 x 96 cm
Hohlsaum: 3 cm breit
Fertiggröße: ca. 90 x 90 cm

Sticktwist, 2-fädig

1 KÄSTCHEN = 2 GEWEBEFÄDEN

Die Decke von der Mitte aus einteilen und die Mittellinie mit Heftfäden markieren. Die Zählvorlage zeigt etwas mehr als ein Viertel der Decke. Zum Sticken wird sie gedreht. Die gestrichelte Linie in der Zeichnung entspricht Ihrer markierten Mittellinie.
Nach dem Sticken in 42 cm Abstand von der Deckenmitte einen doppelten, 3 cm breiten Hohlsaum arbeiten (Anleitung siehe Seite 7).

Zählvorlage auf Seite 60 und 61

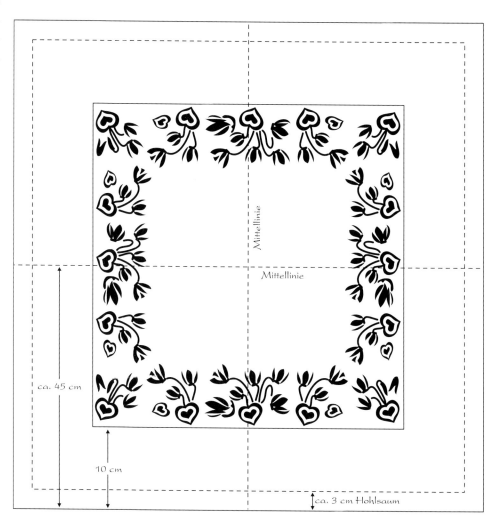

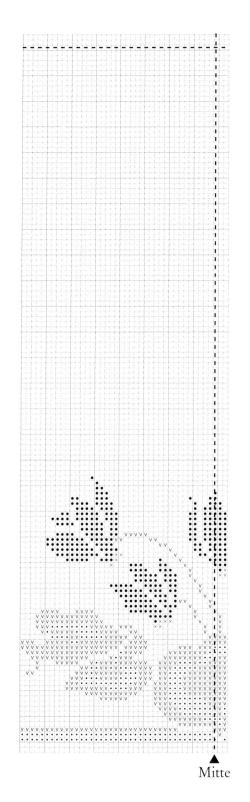

- hellgrün
- V dunkelgrün
- ● rosa
- X dunkelrosa

Zählvorlage zu Seite 58 und 59

Das ABC der Qualität

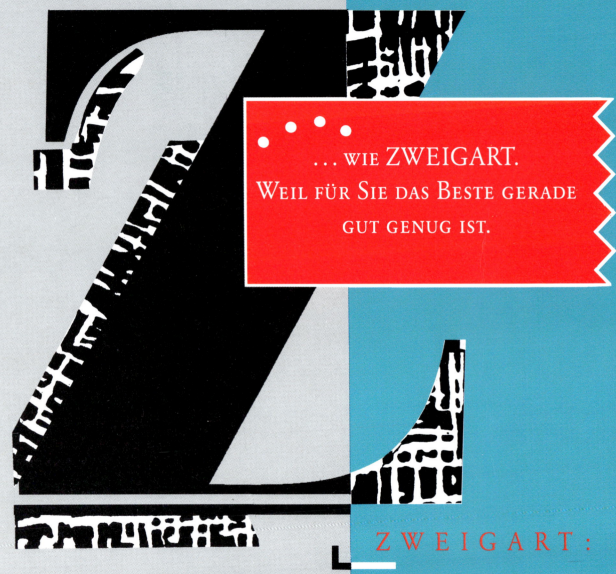

… wie ZWEIGART.
Weil für Sie das Beste gerade gut genug ist.

ZWEIGART:

Der beste Grund für Ihre Handarbeit.

Zweigart & Sawitzki, Postfach 120, D-71043 Sindelfingen